COLLECTION DE M. A. RAGAULT

Vente du Mercredi 23 Février 1910

HOTEL DROUOT — SALLE N° 9

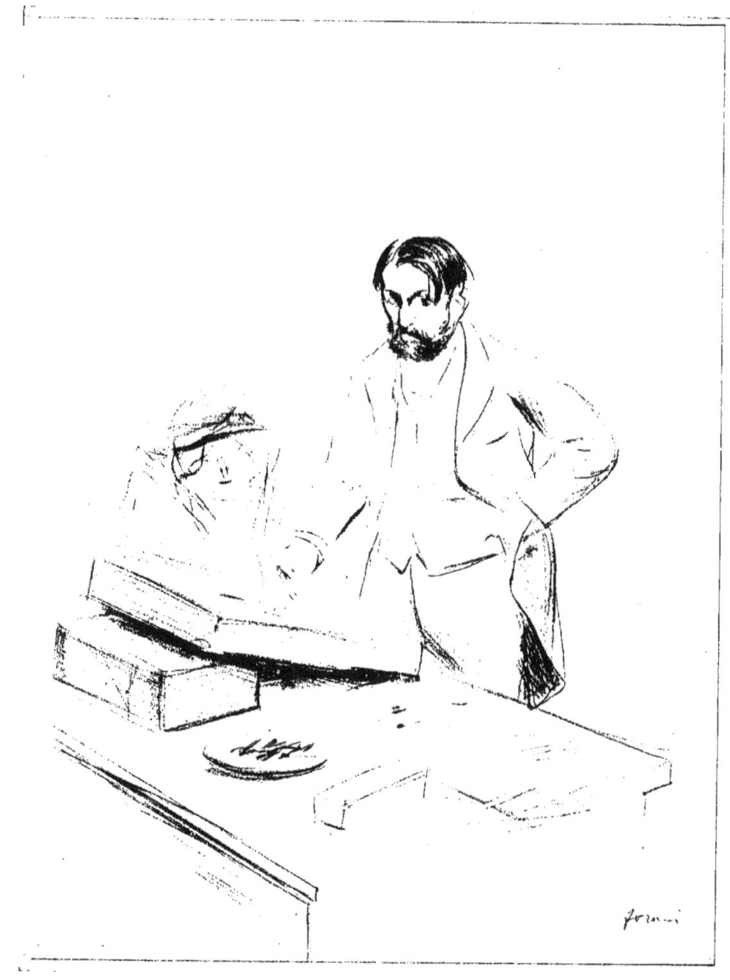

N° 26 du Catalogue.

J.-L. FORAIN
CONSTANTIN GUYS
&
H. DE TOULOUSE-LAUTREC

M° ANDRÉ DESVOUGES — M. LOYS DELTEIL

IMPRIMERIE

FRAZIER-SOYE

153-155-157, Rue Montmartre

PARIS

Nos remarqués

96 – C. Guys.

102 – d°

103 – d°

40 – Train [illegible] aux [illegible] ([illegible])

52 – Le [illegible] Turk. (— d° —)

CATALOGUE

DES

ESTAMPES

ET DES

DESSINS

DE

J.-L. FORAIN

CONSTANTIN GUYS

&

H. DE TOULOUSE-LAUTREC

Composant la collection de M. A. RAGAULT

Dont la vente aura lieu

à Paris, HOTEL DROUOT, Salle N° 9

Le Mercredi 23 Février 1910

à 2 heures précises

Par le Ministère de Me ANDRÉ DESVOUGES,

COMMISSAIRE-PRISEUR

26, Rue de la Grange-Batelière

Assisté de M. LOYS DELTEIL, Artiste-Graveur, Expert

2, Rue des Beaux-Arts

CONDITIONS DE LA VENTE

Elle sera faite au comptant.

Les adjudicataires paieront *dix pour cent* en sus des enchères.

M. Loys Delteil remplira les commissions que voudront bien lui confier les amateurs ne pouvant y assister.

MM. les amateurs pourront visiter la collection, 2, *rue des Beaux-Arts*, du Jeudi 17 au Mardi 22 Février 1910, de 2 heures à 5 heures (le *Dimanche excepté*), et le Mercredi matin, à l'*Hôtel Drouot, Salle n° 9*, de 9 heures 1/2 à 10 heures 1/2.

Le Peintre-Graveur Illustré

(XIXe & XXe SIÈCLES)

par LOYS DELTEIL

OUVRAGE HONORÉ D'UNE SOUSCRIPTION DU MINISTÈRE DE L'INSTRUCTION PUBLIQUE ET DES BEAUX-ARTS

EN SOUSCRIPTION : **POUR PARAITRE LE 28 FÉVRIER 1910**

TOME V consacré à COROT

contenant la biographie du maître
le Catalogue raisonné de son œuvre gravé et lithographié
de ses
AUTOGRAPHIES & CLICHÉS-VERRES

1 volume in-4° d'environ 125 pages, orné d'un portrait de Corot, de 101 fac-simile et d'*une eau-forte originale* de Corot : LE DÔME FLORENTIN.

50 Exemplaires de luxe, avec l'eau-forte originale . . . . . **50** francs
350 Exemplaires ordinaires, avec l'eau-forte avec la lettre . . **20** —
100 — — sans l'eau-forte . . . . **15** —

A partir du 2 mars prochain, le prix en sera porté, pour les exemplaires de luxe à **70** fr., et les exemplaires ordinaires à **25** fr. et à **20** fr.

EN PRÉPARATION : **POUR PARAITRE EN AVRIL 1910**

TOME VI consacré à RUDE, BARYE, CARPEAUX, RODIN

LE PRIX DE SOUSCRIPTION AU TOME VI SERA PROCHAINEMENT FIXÉ

EN PRÉPARATION :

TOME VII consacré à HENRI DE TOULOUSE-LAUTREC

BULLETIN DE SOUSCRIPTION

(A renvoyer à M. LOYS DELTEIL, 2, rue des Beaux-Arts)

Je, soussigné, déclare souscrire à .... exemplaire du Tome Ve du PEINTRE-GRAVEUR ILLUSTRÉ, au prix .... francs l'exemplaire.

Signature et Adresse

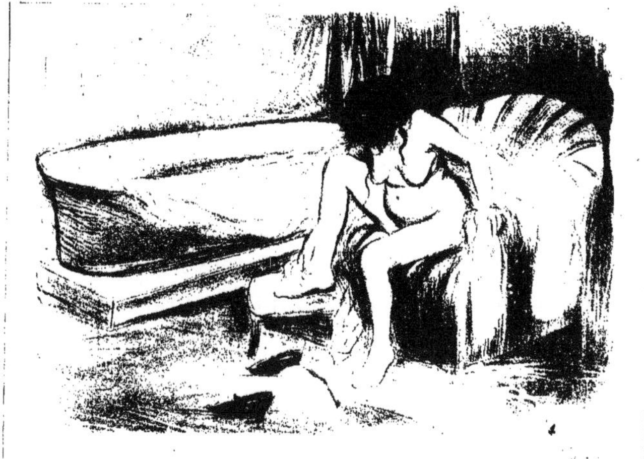

N° 42 du Catalogue.

DÉSIGNATION

FORAIN (Jean-Louis)

EAUX-FORTES

1. Promenade dans un jardin public. Très belle épreuve. Très rare.
2. Invitation du Journal *Le Monde Parisien* (3 mars 1880). Deux très belles épreuves sur japon, une *avant la lettre, signée*.
3. Ex-libris du Mis d'Osmond. Belle épreuve, *tirée en sanguine*.

4. Le Gommeux au bouquet — Etude pour Marthe. Deux pièces. Très belles épreuves, *timbrées* ou *signées*.

5. Marthe (pour une œuvre de Huysmans) — Le Départ de l'Etoile — Deux gommeux. Trois pièces. Très belles épreuves.

6. Au Café — Ouvreuse — La Loge — A Bullier. Quatre pièces. Très belles épreuves.

7. Frontispice, 2 épr. (une avant la lettre) — Cocotte — Aux Folies-Bergère — Au Bouge — Promenoir — La cravate à Polyte. Sept pièces pour les *Croquis Parisiens*. de J. K. Huysmans (1880). Très belles épreuves.

LITHOGRAPHIES

8. Au Restaurant (Marcel Guérin 1). Très belle épreuve, *signée*, *numérotée* (n° 1) et *timbrée*.

9. Danseuse rattachant son chausson (2). Très belle épreuve sur chine volant, *signée*. Très rare.

10. Chez l'Huissier (3). Très belle épreuve, *signée*, *numérotée* et *timbrée*.

11. Une Saisie (4). Superbe épreuve sur chine, *signée* et *numérotée* (n° 4). Tiré à 10 épreuves.

12. Rue Laffitte (6). Superbe épreuve, *signée* et *numérotée* (n° 1).

13. J'ose pas encore aller le décrocher... çà lui ferait trop de peine (7). Très belle et très rare épreuve du 1er état, rehaussée de crayons de couleurs par l'artiste, *signée*.

14. Au Théâtre (8). Superbe épreuve, *signée*. Très rare.

15. La Tonnelle (9). Très belle épreuve, *signée*. Très rare. Tiré à une dizaine d'épreuves.

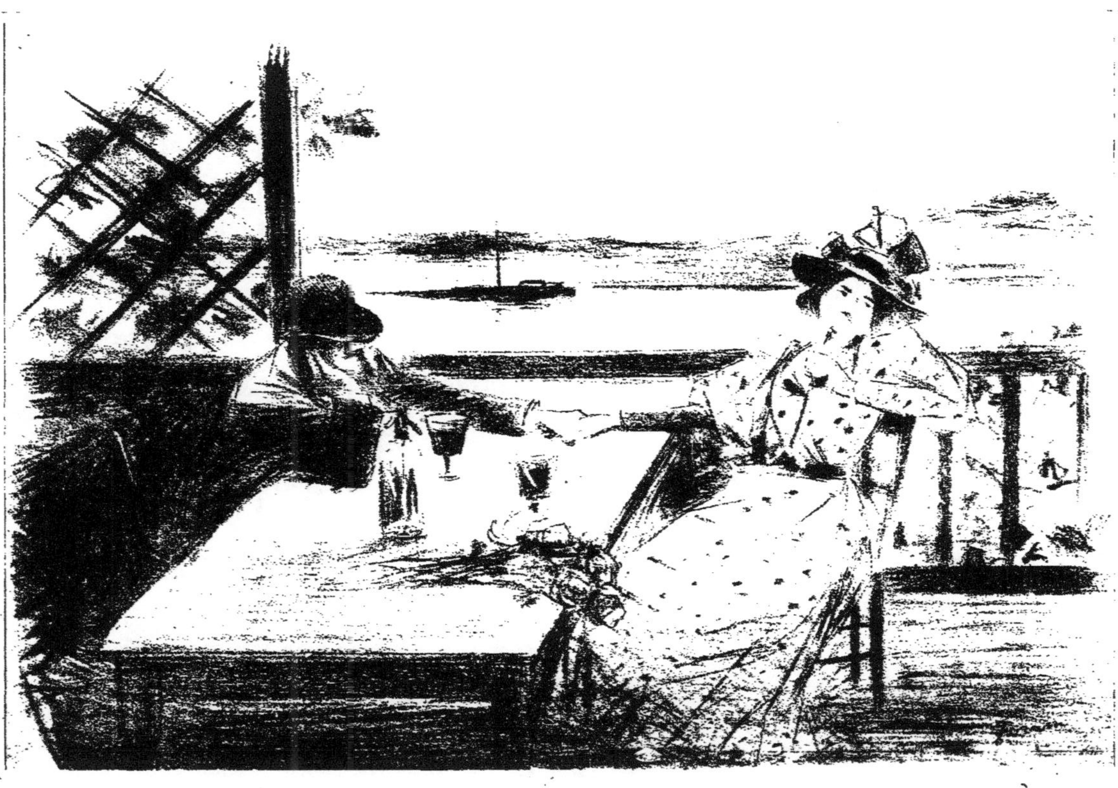

N° 15 du Catalogue.

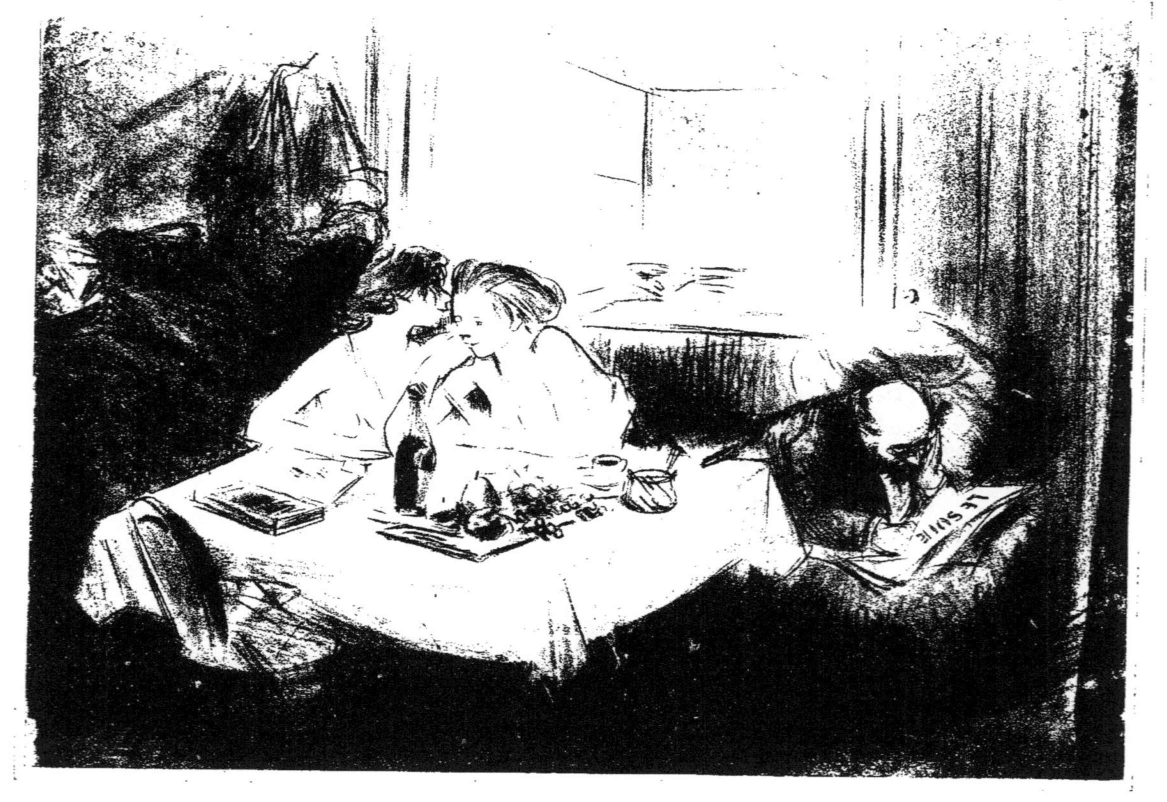

N° 17 du Catalogue.

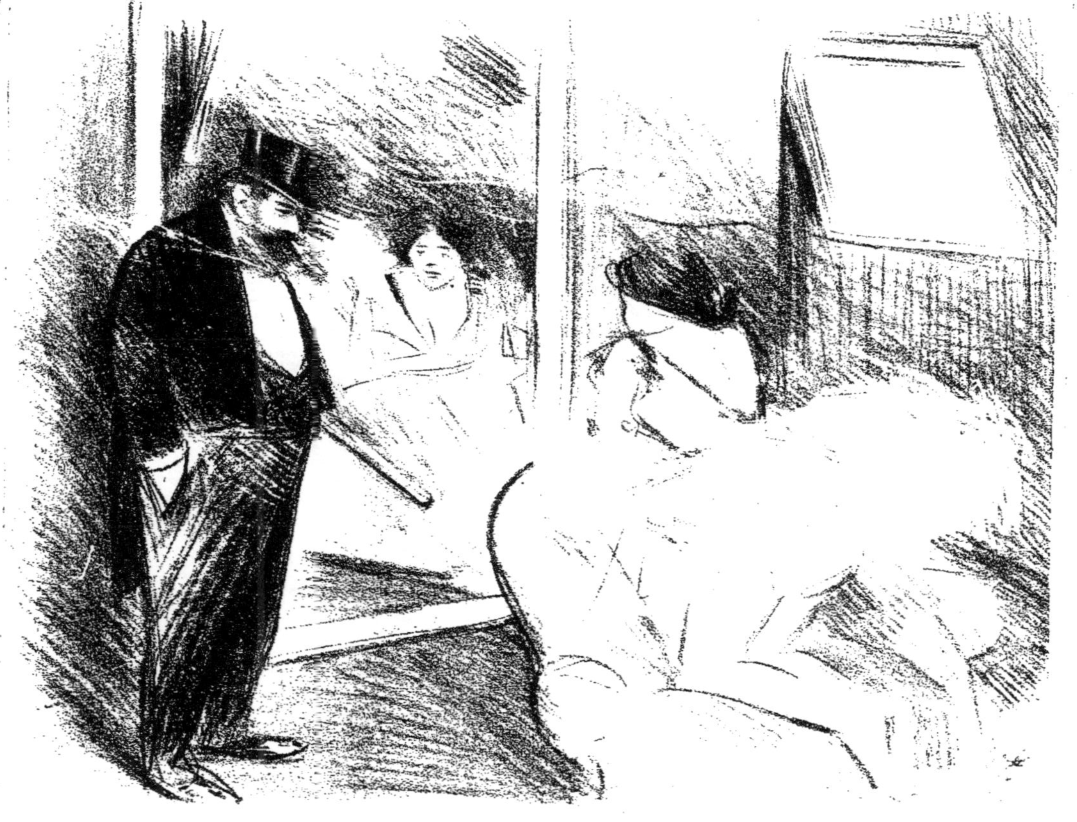

N° 20 du Catalogue.

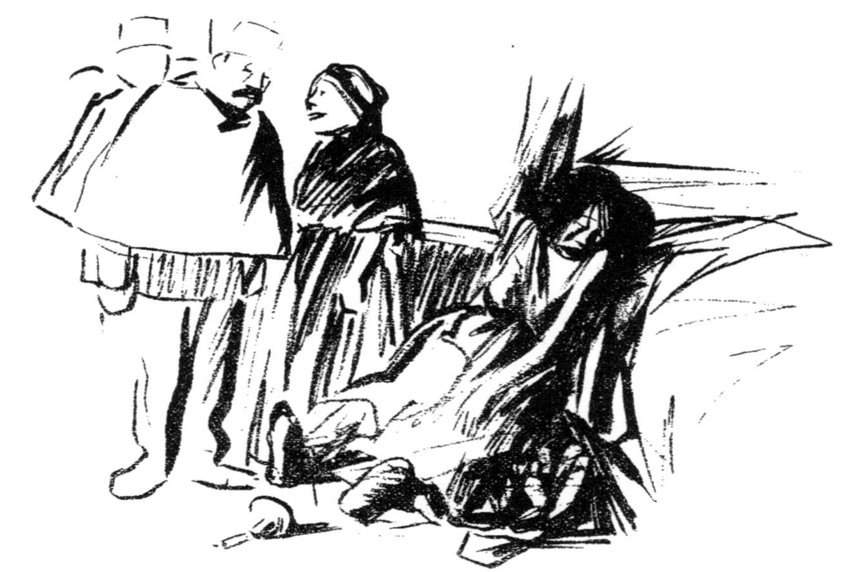

N° 74 du Catalogue.

16. Le Cabinet particulier, 1re planche (10). Superbe épreuve, *signée*. Très rare.

17. Le Cabinet particulier, 3e planche (12). Superbe épreuve, *signée*. Très rare.

18. Le Cabinet particulier, 5e planche (14). Très belle épreuve, *signée*. Très rare.

19. Le Cabinet particulier, 6e planche (15). Très belle épreuve, *signée*. Très rare.

20. La Loge de la Danseuse, 1re planche (19). Superbe épreuve. Très rare.

21. La Loge de la Danseuse, 2e planche (20). Très belle épreuve, *tirée en bistre, signée*. Rare.

22. La Friction au gant de crin (21). Belle épreuve, *tirée en bistre*.

23. Le Petit Déjeuner, planche en hauteur (22). Superbe épreuve, *signée*. Fort rare.

24. Le Petit Déjeuner, planche en largeur (23). Très belle épreuve, *rehaussée d'aquarelle* par l'artiste, *signée*.

25. Planche de croquis (24). Superbe et fort rare épreuve du 1er état, *avec le croquis, signée*.

26. Forain, par lui-même (25). Superbe épreuve, *signée*. Très rare.

27. La Friction après le bain (27). Très belle épreuve, *signée*. Très rare.

28. Femme à sa toilette, avec sa femme de chambre, planche en hauteur (29). Superbe épreuve, signée. Très rare.

29. Femme à sa toilette, avec sa femme de chambre, 1re planche en largeur (30). Très belle épreuve, *signée*. Rare.

30. Femme à sa toilette, avec sa femme de chambre, 2e planche en largeur (31). Très belle épreuve, *tirée en sanguine*, *signée*. Très rare.

31. Femme nue, s'essuyant les pieds, 2ᵉ planche en largeur (34). Très belle épreuve, *signée*. Très rare.

32. Femme nue, s'essuyant les pieds, planche en hauteur (35). Très belle épreuve, *signée*. Très rare.

33. En Soirée (37). Très belle épreuve, *signée*. Rare.

34. L'Audience, 1ʳᵉ planche (38). Très belle épreuve, *signée*. Fort rare.

35. L'Audience, 2ᵉ planche (39). Très belle épreuve, *signée*. Très rare.

36. L'Audience, 3ᵉ planche (40). Très belle épreuve, *tirée en bistre, signée*. Très rare.

37. Scène de cabinet particulier (45). Epreuve retouchée, *avec variante*, et annotée : *retouché par moi, forain*. Très rare.

38. Loge de danseuse (46). Epreuve tirée en bistre, *signée*. Très rare.

39. La même estampe. Epreuve *retouchée par l'artiste, avec variante; signée*.

40. Planche aux croquis (50). Très belle épreuve, *signée*. Très rare. Au verso, *croquis au crayon noir*.

41. La Sortie du tub, planche en hauteur (51). Superbe épreuve, *signée*. Très rare.

42. Le Bain, planche en largeur (53). Superbe épreuve avec la mention : *tiré à douze épreuves, forain*. On y a joint une épreuve de la pierre biffée.

43. Le Bain, planche en hauteur (54). Superbe épreuve (nᵒ 1) avec la mention : *tiré par l'auteur, forain*. Très rare. Collection A. Barrion. On y a joint une épreuve de la pierre biffée.

44. La Tasse de lait (56). Très belle épreuve, *signée*. Très rare.

45. Scène de grève (58). Très belle épreuve, *signée*. Rare. — Contre-épreuve de la même pièce, *signée*. Deux pièces.

46. Femme assise, la tête dans ses mains (61). Très belle épreuve, *tirée en 2 tons*.

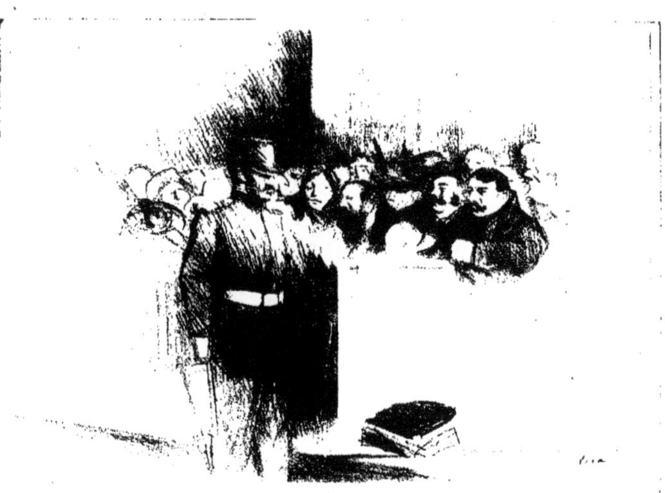

N° 35 du Catalogue.

47. Un Tableau de papa ! 1re planche (62). Très belle épreuve sur chine, *signée* et *numérotée* (n° 5).

48. Un Tableau de papa ! 2e planche (63). Très belle épreuve sur chine, *signée* et *numérotée* (n° 8).

49. Les Instructions pour la journée (64). Très belle épreuve du 1er état, *signée*.

50. La même estampe. Très belle épreuve du 3e état, *tirée en couleurs*, *signée*.

51. Danseuse accotée contre un portant (65). Très belle épreuve, *signée*, avec l'annotation : *tiré à six épreuves, forain, n° 2.*

52. Le Colporteur juif (67). Belle épreuve sur chine, *signée*.

53. Etudes de Femmes (68-69). Deux pièces. Très belles épreuves, *signées*.

54. Eventail pour le Bal Gavarni (70). Très belle épreuve, *imp. en couleurs*.

55. Etude de Femme assise (71). Très belle épreuve, *signée*.

56. Etude de Femme assise, en pied (73). Deux très belles épreuves des 1er et 2e états, *signées*.

57. Dans l'Atelier (74). Une des deux épreuves connues.

58. Portrait d'Auguste Renoir, 4 planches différentes (76-79). Belles épreuves sur japon (*3 signées*).

59. Etudes de Nu (80-83). Quatre pièces formant série. Très belles épreuves.

60. Le Christ dépouillé de ses vêtements (84). Très belle épreuve sur chine, *signée* et *numérotée* (n° 3).

61. La Vie de Bohême (Le Manchon de Francine) (88). Belle épreuve *avant la lettre*, *tirée en bistre*. On y a joint une épreuve avec la lettre.

62. Fumés du *Rire*, Dix-neuf pièces tirées en couleurs et sept (en noir) y compris plusieurs doubles.

DESSINS

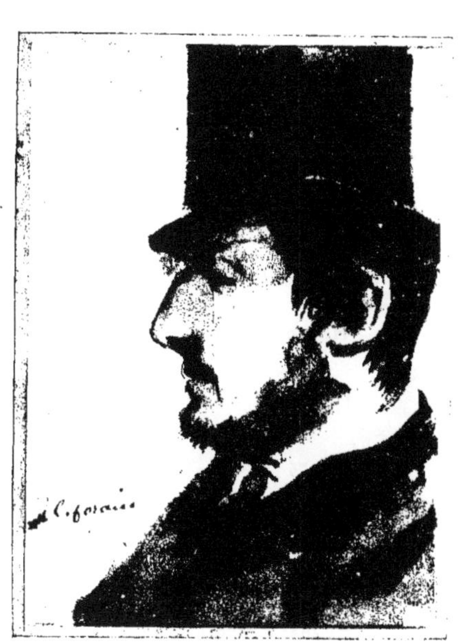

N° 63 du Catalogue.

63. Forain, par lui-même (vers 1885). Aquarelle. Signée.
H. 125. L. 090.

64. Un Anglais à Paris. Plume avec légers rehauts. Signé : *J. L. F. 78.*
H. 247. L. 100.

65. Promenoir aux Folies Bergère. A la plume, sur papier calque, avec légers rehauts.

66. Femme nue s'essuyant les pieds, (même motif que les lith^ies n°s 33 et 34). Crayon noir avec rehauts de pastels. Signé.
H. 325. L. 225.

67. Quelle s... que Madame! A l'encre de chine. Signé.
H. 350. L. 264.

68. Le Coucher. Aux crayons de couleurs. Signé de l'initiale *F.*
H. 308. L. 207.

69. Femme nue assise sur un lit. Aux crayons de couleurs. Signé de l'initiale *f.*
H. 325. L. 210.

70. Le petit Modèle couché sur un fauteuil. Aux crayons de couleurs. Signé.
L. 345. H. 250.

71. Femme nue assise. Aux crayons de couleurs. couleurs. Signé.
H. 337. L. 215.

72. Femme à sa toilette. Au crayon noir. Signé.
H. 300. L. 197.

73. Les deux Baigneuses. A l'encre de chine. Signé.
L. 390. H. 238.

74. Fait divers. A l'encre de chine. Signé.
L. 470. H. 315.

75. *Pourquoi pleures-tu? Parce que vous m'avez dit qu'ça s'verrait...* A la plume, légers rehauts d'aquarelle. Signé.
H. 355. L. 250.

76. *Nous venons d'obtenir la remise à huitaine. — Filez!* Crayon noir. Signé.
H. 310. L. 225.

77. Le Jeu. Au crayon noir. Signé.
H. 348. L. 250.

78. Amour brutal. Crayon noir. Signé.
H. 275. L. 195.

79. Pauvre Femme. Crayon noir. Signé des initiales.
H. 310. L. 240.

80. Jeune Femme en sortie de théâtre. Croquis pastellisé. Signé de l'initiale de l'artiste.
H. 405. L. 270.

81. Israël. Crayon noir. Au verso, important croquis signé de l'initiale *f*.
H. 340. L. 235.

82. Femme à l'éventail. A la plume, rehaussé d'aquarelle. Signé.
H. 208. L. 165.

83. Croquis de deux Danseuses. Deux dessins sanguine ou crayon noir, avec légers rehauts. Signés.

84. Masque de jeune Femme. Crayon brun. Signé de l'initiale *f*.
H. 300. L. 240.

85. Loge de Théâtre. Encre de chine, avec rehauts d'aquarelle. Signé.
L. 238. H. 169.

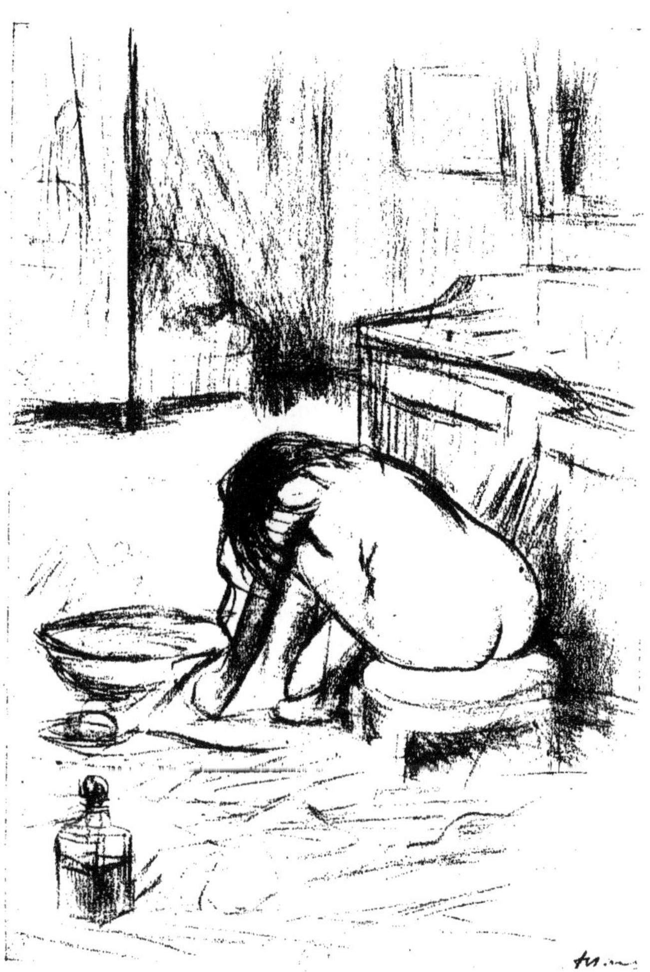

N° 66 du Catalogue.

86. Danseuse — Le Rouge aux lèvres. Deux dessins crayon noir ou encre de chine, rehauts de gouache. Signé.

H. 278. L. 200.
H. 235. L. 130.

87. La Femme au chien. Crayon noir, rehaussé de sanguine et de craie. Signé. — Femme assise. Encre de chine, rehauts d'aquarelle.

H. 345. L. 223.
H. 245. L. 160.

88. Buste de Femme coiffée d'un chapeau abat-jour. Aquarelle.

H. 200. L. 120.

89. Etude pour le programme de la *Fille Elisa*. A la plume, lavé d'aquarelle. Signé.

H. 210. L. 145.

90. Dédain — Convoitise. Encre de chine ou crayon noir et encre de chine, légers rehauts. Deux dessins (un signé).

H. 270. L. 160.
H. 275. L. 200.

91. La Cigale — Un Acteur. Deux dessins, plume et encre de chine. Signés.

92. Femme en chapeau, en pied et accoudée. Crayon noir, léger rehaut. Signé.

H. 450 L. 270.

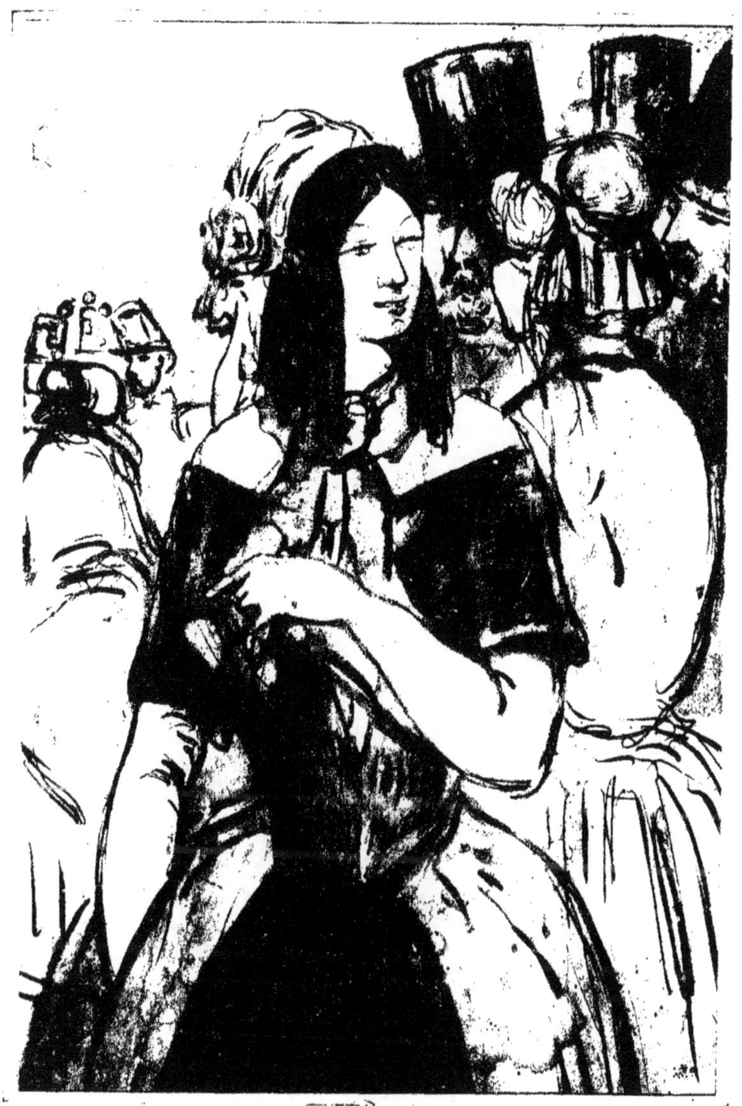

N° 96 du Catalogue.

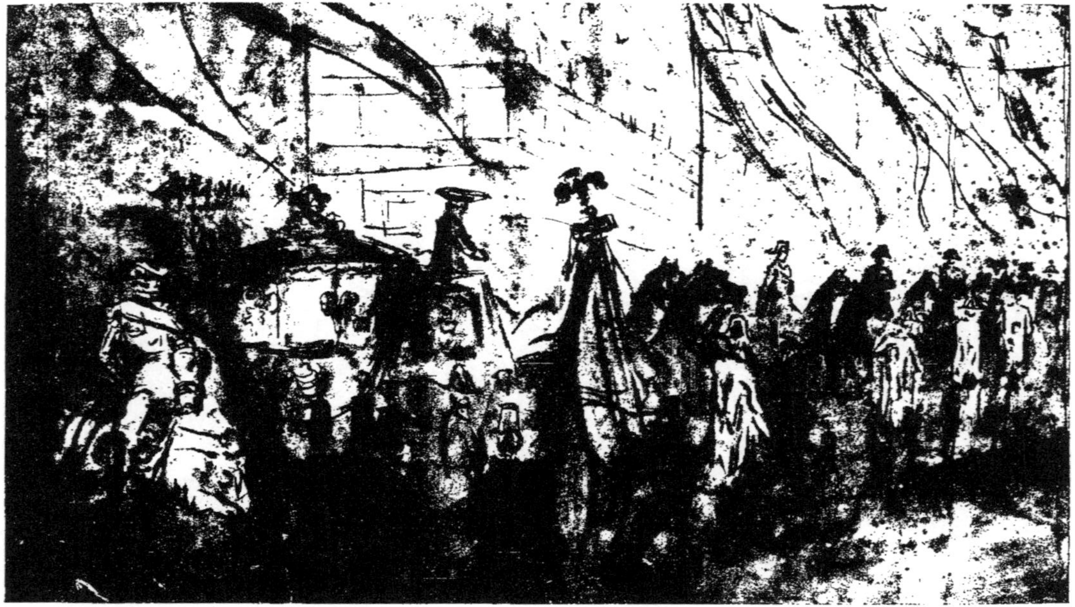

N° 95 du Catalogue.

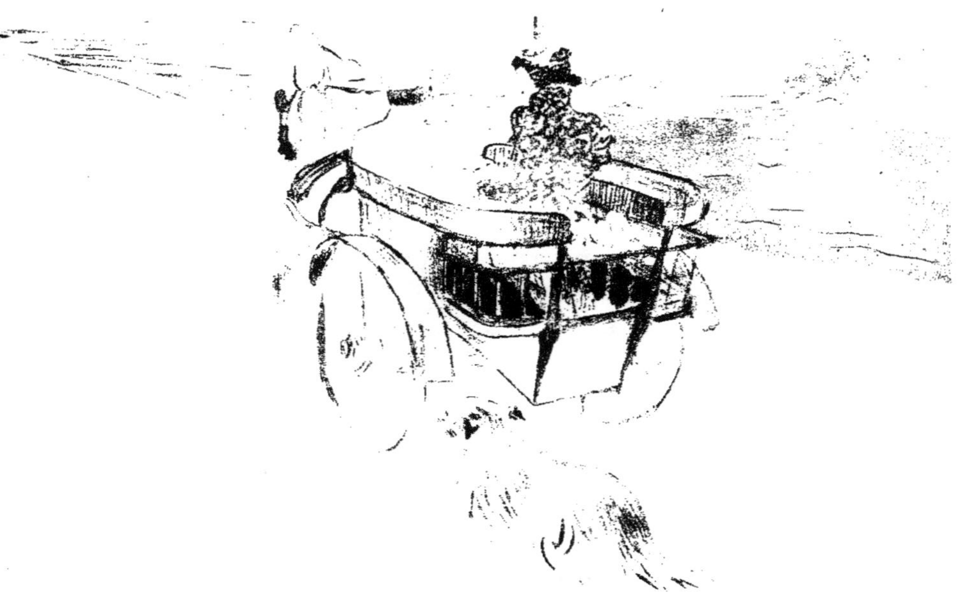

N° 177 du Catalogue.

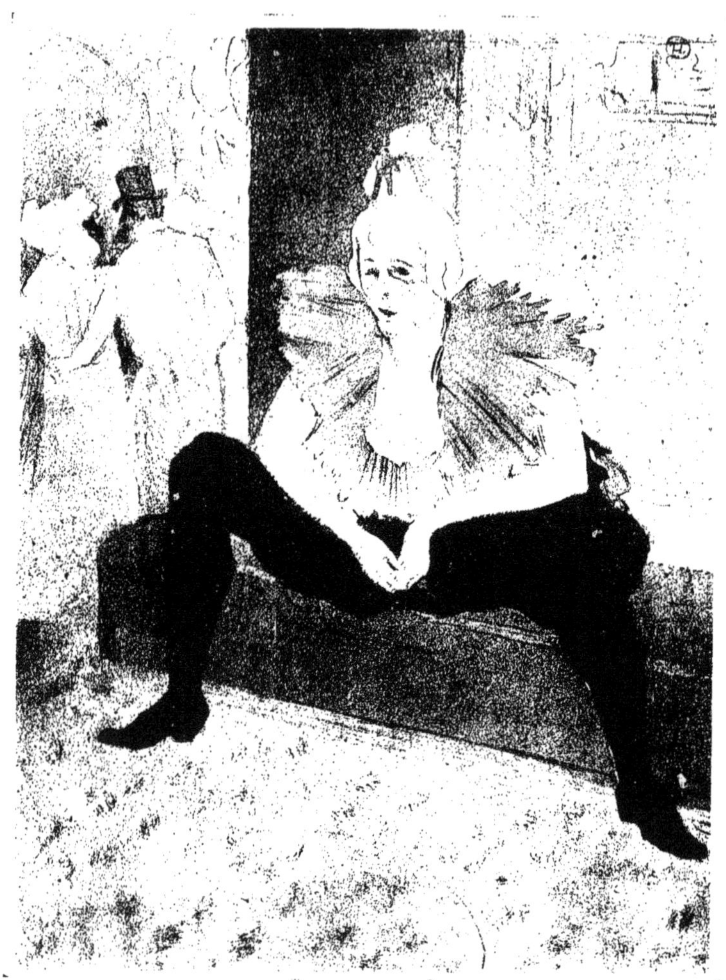

N° 107 du Catalogue.

GUYS (Constantin)

93. Au Bivouac des zouaves (Camp de St Maur, 1859). Plume et encre de chine.

L. 280. H. 189.

94. Un Défilé de hussards de la Garde. Plume, encre de chine et sépia.

L. 317. H. 175.

95. Napoléon III et l'Impératrice se rendant à Notre-Dame pour la Cérémonie du Mariage (Janv. 1853). Important et beau dessin à l'encre de chine, lavé d'aquarelle. (Reproduit dans le *Second Empire*, d'Arm. Dayot).

L. 445. H. 260.

96. Au Bal. Importante et très belle aquarelle.

H. 325. L. 219.

97. Promenoir de Valentino. Plume et encre de chine, légers rehauts.

L. 250. H. 190.

98. Lions et Biches. Plume et encre de chine.

L. 268. H. 193.

99. Amazone, au Bois. Encre de chine, sépia et gouache.

H. 244. L. 174.

100. Deux officiers, au Bois. Encre de chine, rehauts de gouache.

H. 184. L. 185.

101. Femmes de Péra. Aquarelle vernie.

L. 228. H. 155.

102. Une Lionne. A l'encre de chine.

H. 190. L. 144.

103. Les Robes roses. Encre de chine, lavé d'aquarelle.

H. 199. L. 128.

104. Femme en robe à crinoline. A l'encre de chine.

H. 240. L. 177.

105. Familiarités. Plume et encre de chine, légers rehauts.

L. 211. H. 159.

106. Four in hands. Crayon et lavis.

L. 242. H. 190.

107. Villégiature. Aquarelle.

L. 348. H. 214.

108. La Danse en maison close. Plume et encre de chine.

L. 303. H. 214.

109. En Espagne : sur le seuil. Aquarelle.

H. 149. L. 130.

LAUTREC (Henri de Toulouse)

LITHOGRAPHIES

110. Antoine et Mme Henriot, dans l'*Inquiétude* (Théâtre Libre). Superbe épreuve sur japon, *signée*.

111. Antoine et Gémier, dans *Une Faillite* — Réjane et Galipaux, dans *Madame Sans-Gêne*. Deux pièces. Très belles épreuves, *timbrées* et *numérotées*.

112. Bartet et Mounet-Sully, dans *Antigone*. Très belle épreuve, *tirée en 2 tons*, *timbrée* et *numérotée* (11).

113. Rose Caron, dans *Faust*. Très belle épreuve *tirée en ton verdâtre*, *timbrée*.

114. Miss May Belford. Très belle épreuve, *timbrée* (n° 9).

115. Miss May Belford, tenant un chat. Superbe épreuve d'essai, *timbrée* et *numérotée* (3).

116. Miss May Belford saluant. Très belle épreuve, *timbrée* et *numérotée* (3).

117. Miss May Belford au *Irish and American Bar* (rue Royale). Très belle épreuve, *signée*.

118. Miss May Belford, grande planche. Très belle épreuve, *tirée sur teinte*, *signée*, *timbrée* et *numérotée*.

119. Brandès dans sa loge. Très belle épreuve, *timbrée* et *numérotée* (19).

120. Leloir et Brandès dans *Cabotins*. Belle épreuve sur japon, *timbrée*.

121. Brandès et Le Bargy, dans *Cabotins*. Très belle épreuve, *timbrée*.

122. Brasseur, dans *Chilpéric*, aux Variétés. Très belle épreuve, *timbrée* et *numérotée* (25).

123. Cecy Loftus. Très belle épreuve sur chine, *signée* et *numérotée* (9).

124. Emilienne d'Alençon aux Folies-Bergère. Très belle épreuve.

125. Anna Held. Très belle épreuve, *signée* et *numérotée* (6).

126. Anna Held et Baldy, dans une Revue. Très belle épreuve, *timbrée* et *numérotée* (2/20).

127. Ida Heath dansant. Très belle épreuve, *signée* et *timbrée*.

128. La même pièce. Très belle épreuve *tirée en ton verdâtre*, *timbrée* et *numérotée*.

129. Ida Heath au Bar « la Tourte ». Très belle épreuve, *timbrée* et *numérotée* (9).

130. Judic dans sa loge, ou l'Essai du corset. Très belle épreuve sur japon, *signée* et *timbrée*.

131. Lender de face. Très belle épreuve, *timbrée* et *numérotée* (5).

132. Lender de dos. Très belle épreuve, *timbrée* et *numérotée* (19).

133. Lender debout, tournée à droite. Très belle épreuve.

134. Lender assise. Très belle épreuve, *timbrée* et *numérotée* (5/20).

135. Lender dansant le Boléro. Belle épreuve, *timbrée* et *numérotée* (4).

136. Lender saluant, dans *Chilpéric*. Très belle épreuve.

137. Lender et Baron, aux *Variétés*. Très belle épreuve sur japon, *signée* et *timbrée*.

138. Lender et Brasseur, dans *Madame Satan*. Très belle épreuve, *timbrée*.

139. Lender en buste. Très belle épreuve de la planche de trait seule, sur japon.

140. La même estampe. Très belle épreuve, *imp. en couleurs.*

141. Lender en buste, de trois-quarts. Très belle épreuve *tirée en sanguine*, sur papier bleuté, *signée* et *numérotée* (29).

142. Lavallière et Lender. Très belle épreuve, *timbrée* et *numérotée* (1/20).

143. Lavallière et Lender, dans une *Revue*, aux Variétés. Très belle épreuve, *timbrée* et *numérotée* (5).

144. Lender et Brasseur. Belle épreuve du 1er état, avec la légende : *C'est vous !!*

145. La même estampe. Très belles épreuves des 2e et 3e états, la légende changée : *Est-elle grasse? oui..... C'est vous!!!!!*, — puis effacée. Deux pièces *signées.*

146. Lender et Auguez, dans la *Chanson de Fortunio.* Très belle épreuve.

147. La Loïe Fuller. Deux belles épreuves, *imp. en couleurs*, une d'essai, *signée.*

148. Le Lithographe (Adolphe Albert). Très belle épreuve, *signée* et *timbrée.*

149. Mealy et Guy, dans *Paris qui marche.* Très belle épreuve, *signée, timbrée* et *numérotée* (n° 21).

150. Luce Myrès, de face (dans la Périchole). Très belle épreuve, *timbrée* et *numérotée.*

151. La même pièce. Très belle épreuve *tirée en sanguine.*

152. Luce Myrès, de profil. Très belle épreuve *tirée en ton verdâtre, timbrée* et *nuumérotée* (n° 2).

153. Lugné Poë, dans *Une Faillite* et dans l'*Image.* Deux pièces. Très belles épreuves, *timbrées* et *numérotées* (15).

154 Sarah Bernhardt, dans *Phèdre*. Très belle épreuve sur japon, *signée* et *timbrée*.

155 Mrs Simon-Girard, Brasseur et Guy, dans la *Belle Hélène*. Très belle épreuve.

156 Truffier et Moreno, dans les *Femmes savantes*. Très belle épreuve, *timbrée* et *numérotée* (16). Collection Barrion.

157 Yahne dans sa loge. Très belle épreuve, *timbrée* et *numérotée* (12).

158 Yahne et Antoine, dans l'*Age difficile*. Très belle épreuve, *timbrée* et *numérotée* (19).

159 Yahne et Meyer, dans l'*Age difficile*. Très belle épreuve.

160 Yvette Guilbert, dans Colombine à Pierrot — Nicole (la Pierreuse). Deux pièces. Très belles épreuves, *timbrées* ou *numérotées*.

161 Viennoise (Mlle Elsa, dite la). Superbe épreuve *imp. en couleurs*, *signée*, *timbrée* et *numérotée* (2). (Tirée à 17 épreuves).

162 Idylle Princière (P^sse de Chimay et Rigo). Superbe épreuve *imp. en couleurs*, *signée*, *timbrée* et *numérotée* (5). (Tirée à 15 épreuves).

163 La Grande Loge (Mme Baron et Mlle Popo). Superbe épreuve, *imp. en couleurs*, *signée*, *timbrée* et *numérotée*. (Tirée à 12 épreuves).

164 La petite Loge (en largeur). Très belle épreuve, *imp. en couleurs*, *signée* et *numérotée* (8). (Tirée à 12 épreuves).

165 La Valse au Moulin-Rouge. Superbe épreuve, *imp. en couleurs*, *avec dédicace*. (Tirée à 16 épreuves).

166 La Clownesse au Moulin-Rouge (Mlle Cha-U-Ka-O). Superbe épreuve, *imp. en couleurs*, *signée*, *timbrée* et *numérotée* (n° 4). (Tirée à 20 épreuves).

167 La Clownesse assise (Mlle Cha-U-Ka-O). Superbe épreuve, *imp. en couleurs*, *timbrée* et *numérotée* (22).

168 La Glace à main. Très belle épreuve, *tirée en 2 tons*, *timbrée* et *numérotée*.

169 Femme se peignant. Très belle épreuve, *tirée en brun* sur *teinte*, *timbrée* et *numérotée*.

170 Le Petit Déjeuner. Très belle épreuve, *tirée en sanguine*, *timbrée* et *numérotée*.

171 Le Tub. Très belle épreuve, *imp. en couleurs*, *timbrée* et *numérotée*.

172 Le Repos. Très belle épreuve, *timbrée* et *numérotée*.

173 Lassitude. Très belle épreuve, *tirée en sanguine*, sur *teinte*, *timbrée* et *numérotée*.

174 Conquête de passage. Très belle épreuve, *imp. en couleurs*, *timbrée* et *numérotée*.

175 La Toilette. Très belle épreuve, *tirée en 2 tons*, *timbrée* et *numérotée*.

176 Conversation. Très belle épreuve, *tirée en couleurs*, *timbrée* et *numérotée*.

177 Le Tonneau (où la Charette anglaise). Très belle épreuve, *imp. en couleurs*, *timbrée* et *numérotée*.

178 La Goulue et sa Sœur. Très belle épreuve, *imp. en couleurs*, *signée*, *timbrée* et *numérotée*.

179 L'Anglais au Moulin Rouge. Très belle épreuve, *imp. en couleurs*, *signée* et *numérotée*.

180 Aux Ambassadeurs : la Loge (l'Estampe originale). Très belle épreuve, *imp. en couleurs*, *signée*.

181 Au Théâtre (The Ault Wiborg C°), 1890. Très belle épreuve *avant la lettre*, *imp. en couleurs*.

182 La Goulue en dompteuse. Très belle épreuve, *tirée en ton violacé.*

183 La Goulue et Valentin le Désossé, au Moulin-Rouge — La Tribu d'Isidore, 2 ép., une avant la l. Trois pièces. Très belles épreuves.

184 Aux Courses : Entraîneur et Jockey. Très belle épreuve sur japon.

185 Aux Courses : le Galop final, 1899. Très belle épreuve en noir, sur chine.

186 La même estampe. Très belle épreuve, *imp. en couleurs.*

187 A la Brasserie. Très belle épreuve, *signée*, *timbrée* et *numérotée.*

188 A la Souris (Montmartre) : Mme Palmyre. Très belle épreuve, *signée* et *numérotée.* (Tirée à 25 épr.).

189 L'Apostrophe. Très belle épreuve, tirée en 3 tons.

190 Au Bois. Très belle épreuve.

191 Au Bois : Amazone et tonneau. Très belle épreuve, *signée.*

192 Au Picton Bar, rue Scribe. Très belle épreuve.

193 Au Restaurant. Très belle épreuve. Très rare (tirée à 5 épr.). (Pour une nouvelle, de Tristan Bernard).

194 Chez le Tailleur. Très belle épreuve. Très rare. (Tirée à 5 épr.). (Pour une nouvelle de Tristan Bernard).

195 Au Star (Le Hâvre) : Chanteuse de café-concert. Très belle épreuve sur japon.

196 L'Automobiliste : Le Dr Taponnier, ami de Lautrec. Très belle épreuve.

197 Berceuse. Très belle épreuve, *timbrée.*

198. La Blanchisseuse. Très belle épreuve, *tirée sur teinte.*

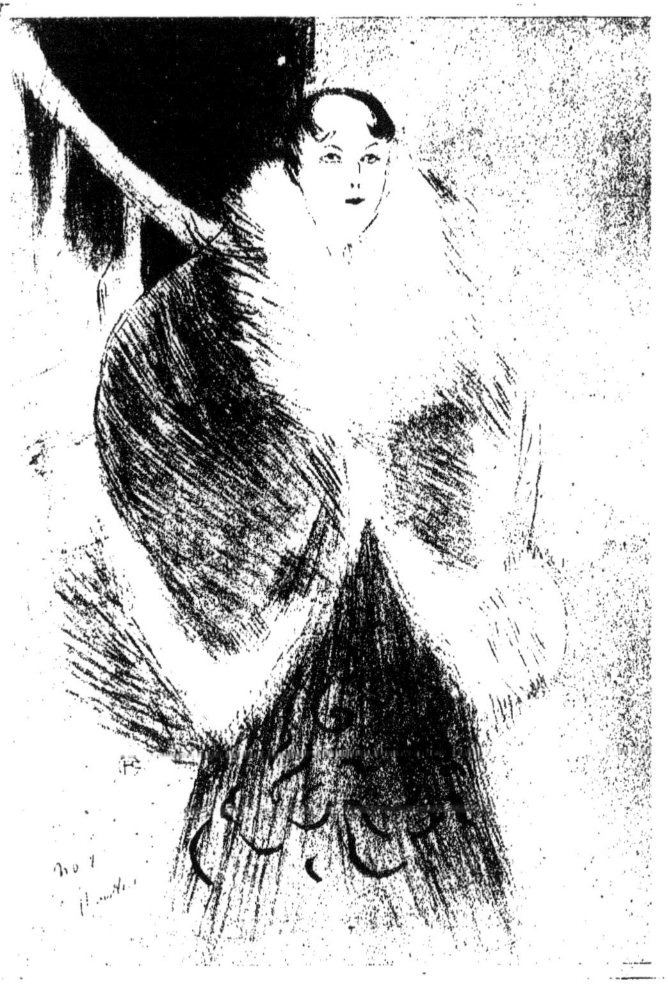

N° 161 du Catalogue.

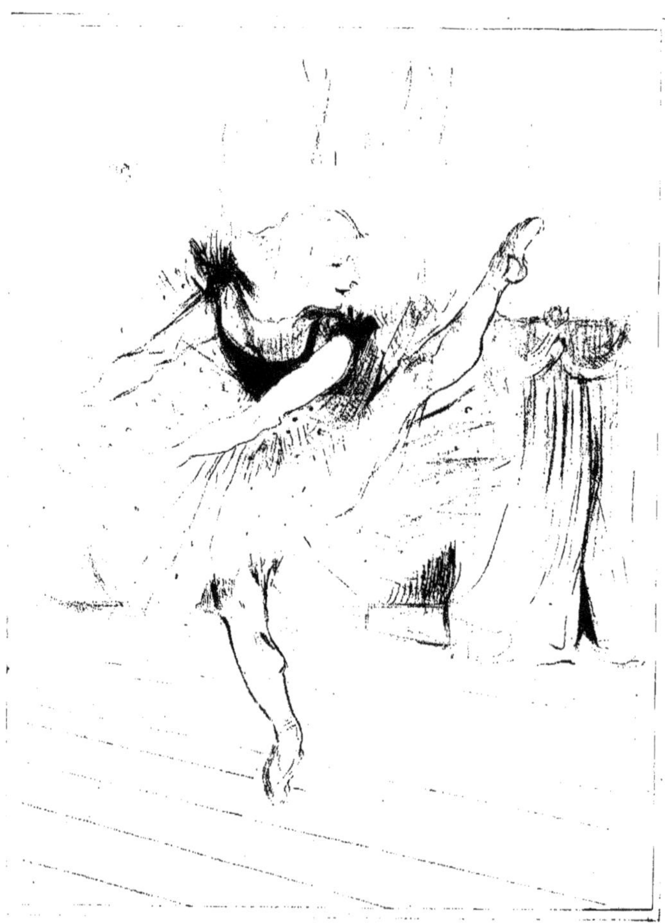

N° 128 du Catalogue.

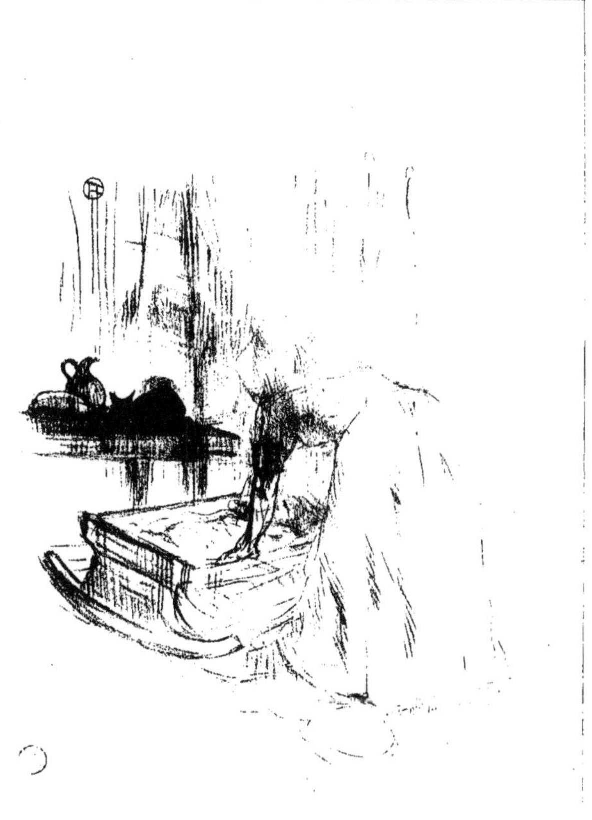

N° 197 du Catalogue.

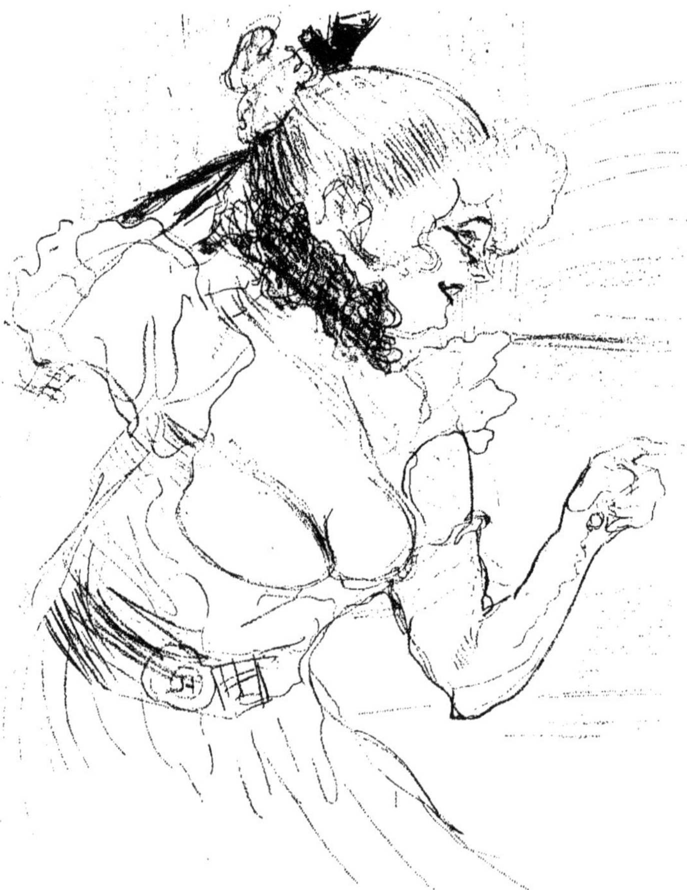

N° 195 du Catalogue.

199. Chanteuse légère. Très belle épreuve.

200. Chanteuse de Beuglant (Diti Bellon). Très belle épreuve *tirée en ton bistré*, *signée*, *timbrée* et *numérotée*.

201. Débauche. Très belle épreuve *avant la lettre*, *imp. en couleurs*, *signée* et *numérotée* (15/50).
On y a joint une épreuve avec la lettre.

202. En Quarante. Belle épreuve, *timbrée* et *numérotée* (16).

203. Entraîneur surveillant la promenade de 3 chevaux. Très belle épreuve, *tirée sur ton bleuté*.

204. Entre Sportmen. Très belle épreuve.

205. Femme au lit, jouant avec son chien. Très belle épreuve.

206. Five o'clock ou Souper à Londres, 1896. Très belle épreuve, *signée*.

207. Mme L... au bal masqué. Très belle épreuve.

208. Le Marchand de marrons. Très belle épreuve sur chine, *signée*.

209. Le Ramoneur. Très belle épreuve, *timbrée*.

210. Margouin la modiste. Très belle épreuve.

211. Paris-Sport. Très belle épreuve, *timbrée* et *numérotée* (81).

212. Petite Fille Anglaise (Miss Dolly). Très belle épreuve.

213. Pois vert. Très belle épreuve *tirée en ton verdâtre*.

214. Pour une fois. Très belle épreuve, *timbrée* et *numérotée* (31).

215. Promenoir (Germinal). Très belle épreuve sur japon, *timbrée*.

216. Les Pudeurs de M. Prudhomme (Folies-Bergère). Très belle épreuve, *timbrée* et *numérotée*.

217. Sortie de théâtre. Très belle épreuve.

218. Sous l'averse. Très belle épreuve, *timbrée*.

219. Sur la Tige. Très belle épreuve, *timbrée* et *numérotée*.

220. La Terreur de Grenelle. Très belle épreuve.

221. Une Redoute au Moulin Rouge. Très belle épreuve, *timbrée*.

222. Un Rude (The old Chump). Très belle épreuve, *timbrée* et *numérotée*.

223. Vieux passionné. Très belle épreuve, *timbrée*.

224. M. Clémenceau et M. Mayer, marchand de lorgnons (Au Pied du Sinaï). Très belle épreuve sur japon, *signée* — Le Procès Arton : dépositions de Soudais, de Arton et de Bulot. Série de trois pièces. Ensemble 4 pièces. Belles épreuves.

225. Le Poney à l'écurie. Très belle épreuve, *signée*, *timbrée* et *numérotée* (4 15).

226. Le Vieux cheval (Histoire Naturelle) — Etude de cheval. Deux pièces. Très belles épreuves, une sur chine volant.

227. Le Crocodile. Très belle épreuve.

228. Couverture de l'*Estampe originale*, 1893 (Jane Avril). Très belle épreuve, *imp. en couleurs*.

229. Couverture de l'*Estampe originale*, album de clôture, mars 1895 (Mme Natanson). Très belle épreuve en 2 feuilles (une *signée*).

230. Le Déjeuner de Pierrot et de Colombine. Très belle épreuve.

231. Dîner des Tarnais. Belle épreuve *avant la lettre*, sur japon.

232. Menu de la Bouillabaisse, 1895. Belle épreuve.

233. American and other drinks (Invitation Alex. Natanson). Epreuve sur japon, avec *dédicace*.

234. Menu du 2 Décembre 1896. Très belle épreuve, *signée.*

235. Menu Hébrard, 26 Avril 1894. Très belle épreuve, *timbrée.*

236. Menu de la Modiste. Belle épreuve *avant la lettre.*

237. Invitation de Toulouse Lautrec, pour visiter ses tableaux, le 18 Avril. Très belle épreuve.

238. Le Jour de l'an — Jouets de Paris. Deux pièces. Très belles épreuves.

239. Hors les lois, 2 épr. une avant l. l. — Les Vieilles Histoires, par J. Goudezki. Épreuve, *imp. en couleurs, timbrée* et *entoilée.* Trois pièces.

240. La Valse des lapins. Très belle épreuve, *timbrée* — Adolphe ou le jeune Homme triste, 2 épr. une d'essai. Trois pièces.

241. Sagesse — Le Petit Trottin — Ultime ballade, 3 épreuves (2 *signées* et *numérotées*) — Nuit blanche (3 épreuves, 2 *signées* et *numérotées*). Ensemble dix pièces. Belles épreuves.

242. Le Bassoniste — Pauvre pierreuse — Carnot malade! Quatre pièces. Très belles épreuves *avant la lettre, signées* et *numérotées.*

243. Ta Bouche. Deux belles épreuves, *signées* et *numérotées.* Etude de Femme. Très belle épreuve sur japon, *signée* et *numérotée.*

244. Supplément de la Revue blanche : recto : Nib, verso : Anna Held. Belle épreuve, *signée* et *numérotée* (2) — Couverture et titre de : *Elles.* Trois pièces.

245. Programmes du *Chariot de terre cuite*, de la *Lépreuse* de l'*Argent* et Prospectus — Programme de l'Œuvre. Cinq pièces. Belles épreuves.

246. Programme pour *Une Faillite* et le *Poète et le Financier.* Deux très belles épreuves, une *avant*

la lettre, imp. en couleurs, numérotée — Gémier, programme du Théâtre Antoine. Trois pièces.

247. L'Avant-scène. Tirage à part, en couleurs, du programme du *Théâtre Libre* (Le Missionnaire). *Signée* et *numérotée*. On y joint une épreuve du programme.

248. The Chap Book (Au Bar Achille). Très belle épreuve *avant la lettre, imp. en couleurs, timbrée* — Le Carnaval à Bordeaux. Deux pièces.

249. Sur le yacht (Salon des Cent). Très belle épreuve *tirée en ton verdâtre*, sur japon, *signée, timbrée* et *numérotée* (49).

250. La même estampe. Très belle épreuve, *signée, timbrée* et *numérotée* (46).

251. Napoléon Ier. Très belle épreuve, *imp. en couleurs, signée* et *numérotée* (77).

252. Le Tocsin, pour la *Dépêche de Toulouse*. Deux épreuves, une *avant la lettre, tirée en bleu.*

253. May Milton, affiche. Très belle épreuve doublée toile, *imp. en couleurs, signée* et *numérotée* (15/25). — May Belford, affiche, *épr. imp. en couleurs.*

254. Troupe de Mlle Eglantine, affiche. Très belle épreuve, *imp. en couleurs.* On y a joint épreuve à part de la *remarque.*

255. Confetti — Jane Avril, 1899. Deux affiches. Très belles épreuves, *imp. en couleurs.*

256. TREIZE LITHOGRAPHIES PAR H. DE TOULOUSE-LAUTREC (Acteurs et Actrices). Suite complète dans le cartonnage de publication. Epreuves sur simili-japon.

257. Doubles de la série précédente : Guitry — Subra — Coquelin — Lender — Polin. Cinq pièces. Très belles épreuves *tirées sur papier brun.*

258. *Yvette Guilbert, texte de Gustave Geffroy, orné par H. de Toulouse-Lautrec* (L'Estampe originale, 1894). Exemplaire n° 14, signé d'Yvette Guilbert. (Couverture un peu défraîchie).

259. Le Café-Concert, *lithographies de H. G. Ibels et de H. de Toulouse-Lautrec, texte de Georges Montorgueil*, Paris, s. d. Exempl. sur japon.

260. Fumés du Rire : Yvette Guilbert, dans *Linger, Longer, Loo !* 2 épr. (une en couleurs). — Polaire — Brothers Marco, 2 épr. (une en couleurs). — Chocolat dansant dans un bar, 2 épr. (une en couleurs). — Snobisme, 2 épr. (une en couleurs). — Festival Ambroise Thomas, 2 épr. (une en couleurs). — Alors vous êtes sage ? 2 épr. (une en couleurs). — Au Palais de Glace, 2 épr. (une en couleurs). — Les Petits Levers, 2 épr. (une en couleurs). — Dans les couloirs des Folies-Bergère, 2 épr. (une en couleurs). — Baron, dans les *Charbonniers*. Ensemble vingt pièces. Très belles épreuves.

DESSINS

261. Etudes pour son propre Portrait. Crayon bleu.
L. 220 H. 170.

262. Le Cortège du Rajah. Crayon noir et bleu.
H. 430 L. 320.

263. Aristide Bruant. Crayon noir.
H. 310 L. 210.

264. Chocolat. Crayon noir. Signé du monogramme.
H. 270 L. 195.

265. Guitry — Portraits. Trois croquis, le premier rehaussé de crayon bleu et rouge.

266. Cavalier — Amazone. Deux croquis à la plume, signés du monogramme et datés : 1881.

267. La Charrue. A la plume. Signé des initiales et daté : 1881.
L. 196 H. 125.

N° 263 du Catalogue.

268. Joueur de bilboquet — Le Cocher de fiacre. Deux dessins à la plume, *signés* du *monogramme* et *datés*.

269. Torse de femme — Femme accroupie — Profil. Trois croquis, crayon noir ou bleu.

FRAZIER-SOYE

GRAVEUR-IMPRIMEUR

153-157, RUE MONTMARTRE

PARIS

www.ingramcontent.com/pod-product-compliance
Ingram Content Group UK Ltd.
Pitfield, Milton Keynes, MK11 3LW, UK
UKHW021035180726
13838UKWH00004B/1806

9 782329 517001